Phonic Word Searches

Phase 4

Juliet Morfitt

Fluffy Ducks Learning

Fluffy Ducks Learning

Enquiries at fluffyduckslearning@gmail.com

©Text and illustrations Juliet Morfitt 2019

Contributions by Josh Morfitt

All rights reserved

Printed in the UK for Fluffy Ducks Learning

ISBN: 978-1-7087-2057-5

Contents

st

Add **st** to the words below and find them in the grid. Tick them off as you go.

s	t	a	y	f	a	s	u	p	s
v	f	g	r	a	s	t	a	r	t
s	t	e	p	s	c	a	m	m	i
j	b	e	s	t	f	m	o	a	n
e	s	t	e	m	o	p	j	s	g
s	i	s	t	e	r	h	b	t	m
l	m	y	f	e	e	s	f	e	n
b	o	l	m	u	s	t	a	r	d
p	s	t	o	p	t	i	c	e	n
n	t	g	u	e	s	n	e	s	t

st

_ _ op	
_ _ ep	
_ _ ar	
_ _ em	
_ _ amp	

ne _ _	
be _ _	
fa _ _	
_ _ ay	
mo _ _	

st

_ _ ing	
si _ _ er	
fore _ _	
ma _ _ er	
mu _ _ ard	

4

_nd

Add **nd** to the words below and find them in the grid. Tick them off as you go.

a	b	r	a	n	d	i	h	b	p
w	n	r	p	e	f	e	a	e	a
a	n	v	o	b	o	r	n	h	m
n	a	v	n	l	u	h	d	i	l
d	e	n	d	i	n	g	g	n	b
b	g	s	i	n	d	a	s	d	a
s	t	a	n	d	b	k	y	f	n
e	s	n	a	r	e	i	c	m	d
n	q	d	s	o	u	n	d	n	y
d	r	e	w	i	n	d	n	m	p

nd

wa _ _	
po _ _	
sa _ _	
ha _ _	
ba _ _	

bra _ _	
se _ _	
sta _ _	
bli _ _	
sou _ _	

nd

ki _ _	
fou _ _	
rewi _ _	
behi _ _	
e _ _ ing	

5

_ mp

Add **mp** to the words below and find them in the grid. Tick them off as you go.

s	w	a	m	p	d	c	s	a	f
t	y	r	l	j	u	n	f	k	l
a	t	e	c	u	m	v	w	j	u
m	c	h	a	m	p	i	o	n	m
p	g	k	m	p	e	y	d	d	p
l	a	m	p	n	d	g	a	s	a
s	h	r	i	m	p	m	m	l	w
y	u	o	n	h	u	m	p	u	z
x	s	g	g	m	c	r	a	m	p
i	s	t	o	m	p	u	m	p	r

mp

la _ _	
da _ _	
pu _ _	
hu _ _	
ju _ _	

cra _ _	
sto _ _	
slu _ _	
swa _ _	
sta _ _	

mp

shri _ _	
flu _ _	
du _ _ ed	
cha _ _ ion	
ca _ _ ing	

6

_ nt

Add **nt** to the words below and find them in the grid. Tick them off as you go.

b	a	s	d	r	o	d	e	n	t
l	q	h	u	n	t	w	w	e	r
u	b	e	n	t	y	t	e	u	i
n	o	p	l	a	n	t	n	s	p
t	a	a	s	s	m	d	t	e	f
g	h	i	j	t	i	k	l	n	p
t	z	n	x	u	n	c	v	t	r
e	s	t	i	n	t	b	n	m	i
n	q	t	x	t	y	q	w	e	n
t	w	a	n	t	f	r	o	n	t

nt

te _ _	
wa _ _ _	
we _ _ _	
se _ _ _	
be _ _	

pla _ _	
stu _ _	
pai _ _	
sti _ _	
mi _ _ y	

nt

rode _ _	
pri _ _	
fro _ _	
hu _ _	
blu _ _	

7

_ nk

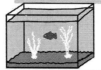

Add **nk** to the words below and find them in the grid. Tick them off as you go.

s	r	t	w	s	t	i	n	k	y
l	t	h	a	n	k	q	w	e	r
i	y	i	i	b	l	i	n	k	s
n	o	n	y	a	n	k	p	a	k
k	s	k	d	f	g	s	j	w	u
y	b	a	n	k	k	h	l	i	n
p	z	x	c	v	d	r	i	n	k
i	s	i	n	k	v	i	b	k	n
n	m	a	b	l	a	n	k	e	t
k	t	a	n	k	b	k	f	y	k

nk

ta _ _	
wi _ _	
si _ _	
ba _ _	
ya _ _	

sku _ _	
pi _ _	
tha _ _	
bli _ _	
thi _ _	

nk

dri _ _	
sti _ _ y	
shri _ _	
sli _ _ y	
bla _ _ et	

_ ft

Add **ft** to the words below and find them in the grid. Tick them off as you go.

s	a	r	t	j	i	s	m	l	l
w	d	a	f	t	e	h	w	o	c
i	q	s	e	g	b	i	m	f	r
f	k	a	d	r	i	f	t	t	a
t	u	f	t	n	d	t	h	a	f
g	s	l	i	f	t	l	e	f	t
i	h	b	n	g	e	y	f	k	l
f	a	d	d	r	a	f	t	e	a
t	f	s	o	f	t	n	m	y	l
v	t	f	d	g	a	f	t	e	r

ft

gi _ _	
lo _ _	
so _ _	
li _ _	
da _ _	

cra _ _	
sha _ _	
a _ _ er	
dra _ _	
le _ _	

ft

tu _ _	
the _ _	
shi _ _	
swi _ _	
adri _ _	

9

sk

Add **sk** to the words below and find them in the grid. Tick them off as you go.

s	d	u	s	k	y	r	s	a	s
k	j	f	j	o	e	b	k	k	k
i	q	t	u	s	k	b	i	a	i
m	b	v	j	r	l	u	n	o	n
s	r	d	e	s	k	s	m	d	t
r	i	s	k	y	s	k	i	l	l
g	s	k	i	p	p	e	d	f	d
h	k	l	s	k	i	r	t	r	s
v	c	h	f	s	k	a	t	e	s
s	k	u	n	k	l	m	a	s	k

sk

tu _ _	
_ _ in	
de _ _	
ma _ _	
_ _ irt	

_ _ unk	
_ _ ill	
_ _ int	
ri _ _ y	
_ _ ims	

sk

_ _ ates	
du _ _ y	
bri _ _	
bu _ _ er	
_ _ ipped	

10

_lt

Add **lt** to the words below and find them in the grid. Tick them off as you go.

s	i	s	a	l	t	y	f	s	y
p	k	g	l	b	e	l	t	p	e
o	m	e	l	t	a	s	s	i	b
i	y	r	e	s	u	l	t	l	n
l	g	q	f	e	n	c	i	t	k
t	s	u	m	v	a	u	l	t	a
d	p	i	n	s	u	l	t	b	d
f	e	l	t	q	s	n	s	l	u
o	l	t	b	u	i	l	t	b	l
u	t	m	y	i	s	m	e	l	t

lt

be _ _	
me _ _	
fe _ _	
bui _ _	
qui _ _	

sme _ _	
adu _ _	
sa _ _ y	
spi _ _	
vau _ _	

lt

spe _ _	
spoi _ _	
insu _ _	
sti _ _ s	
resu _ _	

_ lp

Add **lp** to the words below and find them in the grid. Tick them off as you go.

s	f	a	i	p	f	n	m	u	h
c	s	h	e	l	p	e	r	d	e
a	g	u	l	p	f	g	h	j	l
l	q	w	e	r	g	y	j	t	p
p	h	c	u	l	p	r	i	t	i
c	f	h	e	i	o	y	p	a	n
h	e	l	p	s	w	e	v	l	g
j	f	g	w	q	p	l	h	p	d
v	p	u	l	p	m	p	h	s	d
h	f	o	h	e	l	p	f	u	l

lp

a _ _ s	
gu _ _	
ye _ _	

he _ _ s	
he _ _ er	
he _ _ ful	
he _ _ ing	

lp

sca _ _	
pu _ _	
cu _ _ rit	

Add **lf** to the words below and find them in the grid. Tick them off as you go.

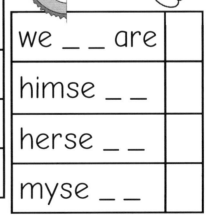

h	i	m	s	e	l	f	a	s	b
d	c	s	h	g	u	l	f	h	m
o	h	a	l	f	n	s	d	e	g
h	u	y	r	e	u	e	m	l	t
e	f	u	l	f	i	l	t	f	w
r	n	e	w	e	l	f	a	r	e
s	t	c	a	l	f	i	h	w	l
e	g	o	l	f	w	s	r	o	t
l	v	s	n	u	k	h	d	l	h
f	r	m	y	s	e	l	f	f	a

If

go _ _	
wo _ _	
ca _ _	
ha _ _	

she _ _	
fu _ _ il	
se _ _ ish	
twe _ _ th	
gu _ _	

$\frac{1}{2}$ **If**

we _ _ are	
himse _ _	
herse _ _	
myse _ _	

13

_ lk

Add **lk** to the words below and find them in the grid. Tick them off as you go.

a	b	e	a	n	s	t	a	l	k
f	u	d	w	a	l	k	i	n	g
m	b	u	l	k	e	g	h	m	e
o	y	d	t	h	e	j	k	i	s
o	o	d	a	s	p	h	u	l	k
n	l	v	l	j	w	f	a	k	u
w	k	s	k	d	a	f	s	v	l
a	h	c	h	a	l	k	i	e	k
l	k	l	g	d	k	e	l	h	i
k	a	f	j	f	o	l	k	k	p

lk

yo _ _	
mi _ _	
ta _ _	
si _ _	

fo _ _	
bu _ _	
sku _ _	
cha _ _	
hu _ _	

Hello

lk

beansta _ _	
sleepwa _ _	
moonwa _ _	
wa _ _ ing	

14

_ pt

Add **pt** to the words below and find them in the grid. Tick them off as you go.

s	c	r	i	p	t	a	s	f	c
h	s	i	a	d	a	p	t	a	h
t	w	c	r	e	p	t	a	d	a
a	e	d	c	e	f	y	g	o	p
b	p	f	r	m	e	r	u	p	t
r	t	w	y	p	n	d	j	t	e
u	s	e	p	t	e	m	b	e	r
p	v	p	t	y	s	l	e	p	t
t	s	t	i	k	e	p	t	j	k
m	j	g	c	t	e	m	p	t	t

pt

we _ _	
ke _ _	
sle _ _	
cre _ _	
swe _ _	

eru _ _	
ado _ _	
ada _ _	
tem _ _	
em _ _ y	

pt

scri _ _	
abru _ _	
cha _ _ er	
Se _ _ ember	
cry _ _ ic	

15

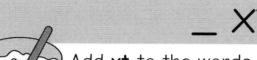

_ xt

Add **xt** to the words below and find them in the grid. Tick them off as you go.

t	e	x	t	b	o	o	k	s	c
e	x	t	r	e	m	e	e	i	o
f	i	x	t	u	r	e	x	x	n
t	e	a	c	r	e	s	t	t	t
e	x	e	n	n	x	i	r	e	e
x	t	x	i	e	t	x	a	e	x
t	i	t	j	x	r	t	c	n	t
i	n	e	h	t	a	y	t	t	e
n	c	n	s	i	x	t	i	e	s
g	t	d	m	i	x	t	u	r	e

xt

ne _ _ _	
si _ _ y	
e _ _ ra	
si _ _ ies	
e _ _ end	

e _ _ inct	
e _ _ ract	
si _ _ een	
e _ _ reme	
fi _ _ ure	

xt

te _ _ book	
mi _ _ ure	
te _ _ ing	
conte _ _	

16

tr

Add **tr** to the words below and find them in the grid. Tick them off as you go.

t	r	o	u	s	e	r	s	t	t
r	t	p	y	t	r	e	e	r	r
a	r	f	e	r	w	b	t	o	a
f	a	e	q	i	f	t	r	t	p
f	s	m	t	p	d	r	u	t	p
i	h	t	r	a	y	a	n	i	e
c	h	r	y	f	w	i	k	n	d
f	t	t	r	i	f	l	e	g	v
t	r	o	w	e	l	t	r	i	m
v	f	t	r	i	a	n	g	l	e

tr

_ _ ee	
_ _ ay	
_ _ im	
_ _ ip	
_ _ y	

_ _ unk	
_ _ ash	
_ _ ail	
_ _ owel	
_ _ ifle	

tr

_ _ iangle	
_ _ affic	
_ _ apped	
_ _ ousers	
_ _ otting	

17

dr

Add **dr** to the words below and find them in the grid. Tick them off as you go.

d	r	e	s	s	a	s	d	h	k
y	m	d	r	a	b	d	r	o	p
d	f	j	l	m	f	r	i	d	d
t	d	r	i	p	p	i	n	g	r
d	r	o	v	e	m	v	k	j	a
r	e	b	d	d	f	e	w	i	w
o	a	l	r	j	d	r	u	m	d
n	m	u	a	j	o	f	d	m	r
e	d	f	g	n	e	o	j	p	y
d	r	o	o	l	d	r	i	f	t

dr

_ _ um	
_ _ y	
_ _ ab	
_ _ aw	
_ _ ag	

_ _ op	
_ _ ess	
_ _ ool	
_ _ one	
_ _ ift	

dr

_ _ ink	
_ _ ove	
_ _ ive	
_ _ eam	
_ _ ipping	

18

gr

Add **gr** to the words below and find them in the grid. Tick them off as you go.

a	s	d	g	r	o	o	m	g	e
t	g	r	a	n	d	a	d	r	n
g	r	a	v	y	g	d	g	a	r
n	u	i	m	g	p	t	r	t	s
s	m	n	g	r	i	d	a	e	g
g	p	f	g	o	e	g	b	g	r
r	y	r	g	w	s	r	a	r	a
a	g	r	u	f	f	e	m	i	p
s	z	x	c	g	r	e	y	l	e
s	g	r	e	e	t	n	g	l	s

gr

_ _ id	
_ _ ow	
_ _ ab	
_ _ ey	
_ _ een	

_ _ ass	
_ _ uff	
_ _ ate	
_ _ oom	
_ _ ill	

gr

_ _ apes	
_ _ umpy	
_ _ avy	
_ _ andad	
_ _ eet	

cr

Add **cr** to the words below and find them in the grid. Tick them off as you go.

a	c	r	a	c	k	e	d	y	c
c	r	e	s	s	c	r	i	b	r
s	o	a	c	m	c	n	y	d	u
j	w	d	r	c	r	i	s	p	s
a	n	b	a	d	i	e	c	w	t
c	r	u	s	h	m	n	r	f	y
r	b	e	h	f	p	n	o	c	p
o	c	c	s	b	y	u	w	r	e
s	c	r	e	e	p	l	d	a	s
s	o	y	c	r	a	n	e	b	o

cr

_ _ ab	
_ _ ib	
_ _ y	
_ _ eep	
_ _ owd	

_ _ imp	
_ _ own	
_ _ ess	
_ _ ane	
_ _ ash	

cr

_ _ isps	
a _ _ oss	
_ _ usty	
_ _ ush	
_ _ acked	

20

br

Add **br** to the words below and find them in the grid. Tick them off as you go.

v	b	d	b	r	o	o	m	m	h
b	r	i	l	l	i	a	n	t	y
b	o	b	r	o	w	n	n	o	h
v	t	e	b	r	a	n	d	k	l
z	h	b	r	u	s	h	y	b	b
e	e	y	i	f	g	e	b	r	r
b	r	i	d	e	z	j	r	a	i
r	z	y	g	b	r	a	i	n	g
a	b	r	e	a	t	h	n	c	h
m	u	z	b	r	o	u	g	h	t

br

_ _ and	
_ _ ing	
_ _ own	
_ _ ain	
_ _ oom	

ze _ _ a	
_ _ ush	
_ _ eath	
_ _ ight	
_ _ ought	

br

_ _ ide	
_ _ anch	
_ _ illiant	
_ _ idge	
_ _ other	

21

fr

Add **fr** to the words below and find them in the grid. Tick them off as you go.

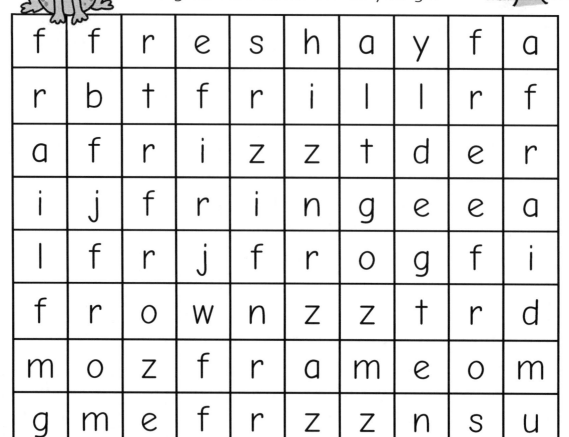

f	f	r	e	s	h	a	y	f	a
r	b	t	f	r	i	l	l	r	f
a	f	r	i	z	z	t	d	e	r
i	j	f	r	i	n	g	e	e	a
l	f	r	j	f	r	o	g	f	i
f	r	o	w	n	z	z	t	r	d
m	o	z	f	r	a	m	e	o	m
g	m	e	f	r	z	z	n	s	u
o	n	n	r	w	f	r	o	t	h
f	r	i	d	g	e	a	e	b	n

fr

_ _ og	
_ _ ee	
_ _ om	
_ _ izz	
_ _ ill	

_ _ ail	
_ _ own	
_ _ oth	
_ _ ost	
_ _ ame	

fr

_ _ esh	
_ _ idge	
a _ _ aid	
_ _ ozen	
_ _ inge	

22

bl

Add **bl** to the words below and find them in the grid. Tick them off as you go.

b	b	l	u	s	h	b	l	o	b
l	c	x	n	b	l	a	s	t	b
i	b	l	e	s	s	b	c	j	l
n	b	l	e	e	d	l	m	b	i
k	e	r	s	b	l	u	e	l	s
v	b	b	b	l	a	n	k	e	t
b	b	l	o	o	d	t	c	e	e
l	t	u	b	c	n	g	f	p	r
o	b	e	u	k	b	l	a	c	k
b	l	o	s	s	o	m	n	i	t

bl

_ _ ack	
_ _ ob	
_ _ ess	
_ _ eed	
_ _ ood	

_ _ unt	
_ _ eep	
_ _ ast	
_ _ ue	
_ _ ink	

bl

_ _ ister	
_ _ ossom	
_ _ ocks	
_ _ anket	
_ _ ush	

23

fl

Add **fl** to the words below and find them in the grid. Tick them off as you go.

f	l	i	n	g	a	f	y	v	s
l	h	o	d	c	f	l	u	s	h
i	f	t	f	f	l	o	w	e	r
g	l	f	l	i	p	p	e	r	s
h	o	l	a	r	f	p	f	s	f
t	s	y	s	b	l	y	l	e	l
o	s	i	h	g	a	d	o	f	u
b	d	n	r	g	g	m	o	l	m
o	p	g	f	l	e	x	r	a	e
f	l	e	e	c	e	n	g	p	w

fl

_ _ ag	
_ _ ap	
_ _ oor	
_ _ ex	
_ _ ush	

_ _ oss	
_ _ ing	
_ _ ume	
_ _ ight	
_ _ ash	

fl

_ _ ower	
_ _ eece	
_ _ oppy	
_ _ ippers	
_ _ ying	

24

gl

Add **gl** to the words below and find them in the grid. Tick them off as you go.

a	z	g	l	o	s	s	a	r	y
s	g	l	o	w	i	n	g	b	g
g	l	i	m	m	e	r	l	o	l
l	o	t	g	l	u	e	i	p	a
o	b	t	o	p	f	g	d	j	s
o	e	e	u	r	g	l	e	a	s
m	g	r	v	g	l	a	n	c	e
y	l	n	k	y	o	z	d	t	s
n	a	g	l	a	r	e	s	g	l
m	d	l	k	e	y	g	l	u	m

gl

_ _ um	
_ _ ad	
_ _ ue	
_ _ ide	
_ _ aze	

_ _ obe	
_ _ are	
_ _ oomy	
_ _ ory	
_ _ ance	

gl

_ _ asses	
_ _ owing	
_ _ ossary	
_ _ immer	
_ _ itter	

25

pl

Add **pl** to the words below and find them in the grid. Tick them off as you go.

a	p	l	a	n	k	c	h	y	t
p	l	a	y	m	p	p	l	u	g
h	p	y	e	p	l	u	c	k	l
p	l	a	s	t	e	r	p	y	p
l	o	a	f	r	a	b	l	k	l
a	t	p	w	u	s	m	u	p	a
n	p	l	a	c	e	t	m	l	n
e	c	a	w	p	l	o	d	o	n
l	p	n	h	t	d	s	g	n	e
m	l	t	p	l	a	t	e	k	r

pl

_ _ ot	
_ _ ay	
_ _ um	
_ _ od	
_ _ ug	

_ _ ant	
_ _ uck	
_ _ ane	
_ _ ate	
_ _ ank	

pl

_ _ aster	
_ _ ace	
_ _ anner	
_ _ ease	
_ _ onk	

26

Closed

Add **cl** to the words below and find them in the grid. Tick them off as you go.

c	l	e	v	e	r	c	a	s	d
l	t	h	k	d	c	l	o	w	n
e	n	c	l	u	e	o	v	c	g
a	c	l	a	m	p	t	h	l	n
r	o	p	c	r	e	h	v	o	b
c	e	c	l	o	s	e	d	g	c
l	c	l	o	u	d	s	r	s	l
u	w	a	c	j	k	t	w	l	e
m	r	i	k	e	c	l	i	p	a
p	b	m	r	c	l	a	s	s	n

cl

_ _ ue	
_ _ ip	
_ _ ogs	
_ _ amp	
_ _ ump	

_ _ oud	
_ _ ock	
_ _ ear	
_ _ ean	
_ _ ass	

cl

_ _ osed	
_ _ ever	
_ _ own	
_ _ othes	
_ _ aim	

27

sl

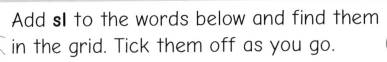

Add **sl** to the words below and find them in the grid. Tick them off as you go.

s	l	i	m	y	g	r	s	m	s
l	v	s	s	l	o	b	j	s	l
a	s	l	u	g	s	e	a	l	i
b	s	c	g	j	l	d	j	o	t
s	l	i	p	p	e	r	s	t	h
l	u	s	l	i	d	e	t	m	e
e	r	e	a	g	g	h	k	s	r
e	p	i	s	l	e	e	p	l	d
v	s	l	a	m	d	g	h	o	b
e	x	s	l	o	p	e	n	w	y

sl

_ _ ot	
_ _ ow	
_ _ ob	
_ _ am	
_ _ ug	

_ _ eep	
_ _ urp	
_ _ imy	
_ _ ope	
_ _ ab	

sl

_ _ ither	
_ _ ippers	
_ _ edge	
_ _ eeve	
_ _ ide	

28

sp

Add **sp** to the words below and find them in the grid. Tick them off as you go.

s	e	s	p	a	r	k	l	e	s
p	s	p	i	k	e	m	k	s	p
o	p	e	s	p	a	d	e	p	a
r	i	e	y	o	p	m	b	i	n
t	n	d	s	p	y	h	o	c	n
m	g	s	u	w	a	s	p	e	e
p	r	p	t	r	d	p	k	i	r
n	a	a	f	s	p	o	t	v	k
b	s	c	u	k	n	o	h	o	c
s	p	e	l	l	i	n	g	p	m

sp

_ _ y	
_ _ ot	
_ _ in	
wa _ _	
_ _ ade	

_ _ ace	
_ _ ike	
gra _ _	
_ _ ice	
_ _ eed	

sp

_ _ elling	
_ _ arkle	
_ _ anner	
_ _ ort	
_ _ oon	

29

tw

Add **tw** to the words below and find them in the grid. Tick them off as you go.

t	w	i	c	e	t	w	e	e	t
t	d	t	w	i	r	l	t	r	w
w	b	n	t	w	i	n	k	l	e
i	y	t	w	t	r	e	b	t	e
t	t	w	e	w	n	f	e	w	z
t	w	i	l	i	g	h	t	i	e
e	e	n	v	s	y	l	w	n	r
r	n	e	e	t	u	m	e	s	s
a	t	w	i	t	c	h	e	r	n
z	y	m	t	w	i	g	n	t	b

tw

_ _ ins	
_ _ ig	
_ _ eet	
_ _ irl	
_ _ ice	

_ _ ine	
_ _ itch	
_ _ ist	
_ _ elve	
_ _ enty	

tw

_ _ inkle	
be _ _ een	
_ _ eezers	
_ _ itter	
_ _ ilight	

30

sm

Add **sm** to the words below and find them in the grid. Tick them off as you go.

s	a	s	m	o	o	t	h	i	e
m	s	m	u	d	g	e	b	w	f
u	s	m	i	r	k	s	h	s	j
g	f	s	e	r	s	m	a	m	b
g	s	m	o	g	c	a	d	i	s
l	m	a	n	m	g	l	s	l	s
e	a	s	m	e	l	l	m	e	m
d	r	h	e	r	s	m	o	k	e
b	t	m	s	m	a	c	k	l	a
s	m	o	o	t	h	l	y	d	r

sm

sm

_ _ ell	
_ _ all	
_ _ og	
_ _ ash	
_ _ irk	

_ _ ile	
_ _ ear	
_ _ oke	
_ _ art	
_ _ ack	

_ _ oothie	
_ _ udge	
_ _ uggle	
_ _ oky	
_ _ oothly	

31

pr

Add **pr** to the words below and find them in the grid. Tick them off as you go.

p	r	o	p	p	t	h	p	i	p
a	t	e	p	r	a	y	r	p	r
r	s	p	r	i	n	u	e	r	o
a	p	r	o	n	b	g	s	a	u
p	r	i	n	c	e	s	s	w	d
r	i	c	z	e	p	r	u	n	e
e	n	e	p	r	a	m	r	t	r
s	t	f	t	o	v	w	e	b	t
s	e	p	r	o	o	f	b	e	r
p	r	e	s	e	n	t	w	k	i

pr

_ _ op	
_ _ ess	
_ _ ay	
_ _ oof	
_ _ am	

_ _ ice	
a _ _ on	
_ _ oud	
_ _ une	
_ _ awn	

pr

_ _ esent	
_ _ inter	
_ _ ince	
_ _ incess	
_ _ essure	

32

SC

Add **sc** to the words below and find them in the grid. Tick them off as you go.

b	i	s	c	u	i	t	a	s	t
s	c	a	r	y	o	g	e	c	w
n	s	t	y	s	c	a	n	a	z
s	c	a	m	p	e	r	x	b	e
c	o	s	c	a	r	f	c	h	s
a	o	c	h	j	l	y	s	r	c
l	t	o	e	d	i	s	c	o	a
p	e	u	v	b	s	c	o	w	l
d	r	t	o	p	s	c	o	n	e
s	c	r	a	p	s	r	p	x	s

sc

_ _ arf	
_ _ an	
_ _ ab	
di _ _ o	
_ _ oop	

_ _ alp	
_ _ one	
_ _ owl	
_ _ out	
_ _ ary	

sc

_ _ ales	
_ _ rap	
_ _ amper	
_ _ ooter	
bi _ _ uit	

33

sn

Add **sn** to the words below and find them in the grid. Tick them off as you go.

s	a	s	n	a	t	c	h	s	s
n	s	n	e	a	k	t	s	n	n
a	b	a	u	s	m	k	n	i	o
c	e	r	a	n	s	d	a	f	r
k	s	e	v	a	s	b	k	f	i
s	n	o	w	i	n	g	e	a	n
n	o	b	s	l	e	s	n	u	g
o	o	s	n	w	e	n	b	n	i
u	z	s	i	r	z	a	e	d	b
t	e	v	p	f	e	p	m	j	t

sn

_ _ ap	
_ _ ug	
_ _ ake	
_ _ ip	
_ _ iff	

_ _ ack	
_ _ out	
_ _ ail	
_ _ eak	
_ _ are	

sn

_ _ owing	
_ _ oring	
_ _ eeze	
_ _ ooze	
_ _ atch	

34

Bonjour! Add **nch** to the words below and find them in the grid. Tick them off as you go.

l	a	r	g	b	u	n	c	h	f
a	i	f	c	r	u	n	c	h	r
u	l	j	p	a	y	r	f	f	e
n	u	n	i	n	m	g	d	i	n
c	n	i	n	c	h	e	s	n	c
h	c	g	c	h	p	u	n	c	h
p	h	o	h	b	e	n	c	h	u
w	r	e	n	c	h	a	e	f	n
n	f	j	e	m	u	n	c	h	c
b	t	r	e	n	c	h	b	o	h

nch

be _ _ _ _	
pi _ _ _	
lu _ _ _	
bu _ _ _	
wre _ _ _ _	

fi _ _ _	
hu _ _ _	
mu _ _ _	
pu _ _ _	
fre _ _ _	

nch

i _ _ _ _ es	
tre _ _ _	
bra _ _ _ _	
lau _ _ _	
cru _ _ _	

35

scr

Add **scr** to the words below and find them in the grid. Tick them off as you go.

s	s	r	g	s	c	r	i	b	b	l	e
s	c	r	a	t	c	h	t	n	s	p	n
c	r	g	h	e	s	v	s	c	r	e	w
r	o	m	h	s	c	r	a	m	b	l	e
u	o	s	g	c	r	s	c	r	i	p	t
f	g	c	d	r	e	o	s	p	g	s	s
f	e	r	w	a	a	n	c	d	u	c	y
y	g	u	f	b	m	x	r	z	d	r	h
j	f	b	k	b	y	t	a	l	p	a	r
s	c	r	o	l	l	f	p	w	a	p	t
n	g	o	d	e	s	c	r	i	b	e	i
s	c	r	e	e	n	y	t	j	e	w	t

scr

_ _ _ _ ew	
_ _ _ _ ub	
_ _ _ ap	
_ _ _ oll	
_ _ _ ipt	

_ _ _ _ eam	
_ _ _ ape	
_ _ _ een	
_ _ _ amble	
de _ _ _ ibe	

scr

_ _ _ ibble	
_ _ _ abble	
_ _ _ atch	
_ _ _ uffy	
_ _ _ ooge	

shr

Add **shr** to the words below and find them in the grid. Tick them off as you go.

s	e	w	a	s	h	r	o	o	m
h	r	s	h	r	i	e	k	s	u
r	s	h	r	i	l	l	b	h	s
i	r	w	s	v	d	j	u	r	h
n	v	s	h	r	e	d	d	e	r
k	s	h	r	i	n	e	m	w	o
s	h	r	u	g	p	o	h	r	o
d	r	f	n	t	i	l	d	s	m
l	u	i	k	s	h	r	i	m	p
z	b	s	h	r	i	v	e	l	w

shr

_ _ _ ub	
_ _ _ ew	
_ _ _ ug	
_ _ _ ill	

_ _ _ iek	
_ _ _ ivel	
_ _ _ ine	
_ _ _ imp	
_ _ _ ink	

shr

mu _ _ _ oom	
wa _ _ _ oom	
_ _ _ edder	
_ _ _ unk	

37

Add **thr** to the words below and find them in the grid. Tick them off as you go.

a	t	h	r	o	t	t	l	e	t	e
b	t	g	h	b	t	h	r	i	l	l
t	h	r	e	a	t	e	a	h	k	t
m	r	j	g	t	h	r	e	w	e	h
b	o	j	t	h	r	k	g	s	t	r
b	a	t	h	r	o	o	m	v	h	e
m	t	h	r	o	u	h	f	k	r	e
s	f	r	o	b	g	t	h	r	o	w
m	j	e	n	e	h	h	s	f	b	k
g	h	a	e	t	h	r	u	s	t	l
i	k	d	g	d	t	h	r	a	s	h

thr 3

_ _ _ ee	
_ _ _ ew	
_ _ _ ob	
_ _ _ ead	
_ _ _ ow	

_ _ _ ill	
_ _ _ one	
_ _ _ ash	
_ _ _ ust	
_ _ _ eat	

thr

ba _ _ _ oom	
ba _ _ _ obe	
_ _ _ ottle	
_ _ _ oat	
_ _ _ ough	

38

str

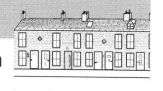

Add **str** to the words below and find them in the grid. Tick them off as you go.

a	s	s	e	w	s	t	r	o	k	e
h	s	t	r	o	n	g	s	s	h	t
s	t	r	i	n	g	j	g	t	l	m
g	s	e	n	m	t	s	t	r	a	p
n	d	e	s	t	r	i	p	e	s	d
b	s	t	r	a	i	g	h	t	t	s
s	t	r	e	a	m	r	w	c	r	t
n	r	f	j	e	z	k	i	h	a	r
b	i	s	t	r	o	m	f	u	y	o
s	d	d	j	r	s	t	r	a	w	l
n	e	m	s	t	r	i	c	t	u	l

str

_ _ _ ay	
_ _ _ aw	
_ _ _ ap	
_ _ _ oll	
_ _ _ oke	

_ _ _ ing	
_ _ _ ong	
_ _ _ eam	
_ _ _ ict	
bi _ _ _ o	

str

_ _ _ eet	
_ _ _ aight	
_ _ _ ide	
_ _ _ etch	
_ _ _ ipe	

39

Answers

st

Add **st** to the words below and find them in the grid. Tick them off as you go.

s	t	a	y	f	a	s	u	p	s
v	f	g	r	a	s	t	a	r	t
s	t	e	p	s	c	a	m	m	i
j	b	e	s	t	f	m	o	a	n
e	s	t	e	m	o	p	j	s	g
s	i	s	t	e	r	h	b	t	m
l	m	y	f	e	e	s	f	e	n
b	o	l	m	u	s	t	a	r	d
p	s	t	o	p	t	i	c	e	n
n	t	g	u	e	s	n	e	s	t

st

st op ✓	ne st ✓	st ing ✓
st ep ✓	be st ✓	si st er ✓
st ar ✓	fa st ✓	fore st ✓
st em ✓	st ay ✓	ma st er ✓
st amp ✓	mo st ✓	mu st ard ✓

4

_nd

Add **nd** to the words below and find them in the grid. Tick them off as you go.

a	b	r	a	n	d	i	h	b	p
w	n	r	p	e	f	e	a	e	a
a	n	v	o	b	o	r	n	h	m
n	a	v	n	l	u	h	d	i	l
d	e	n	d	i	n	g	n	b	
b	g	s	i	n	d	a	s	d	a
s	t	a	n	d	b	k	y	f	n
e	s	n	a	r	e	i	c	m	d
n	q	d	s	o	u	n	d	n	y
d	r	e	w	i	n	d	n	m	p

nd

wa nd ✓	se nd ✓	ki nd ✓
po nd ✓	sta nd ✓	fou nd ✓
sa nd ✓	bli nd ✓	rewi nd ✓
ha nd ✓	sou nd ✓	behi nd ✓
ba nd ✓	bra nd ✓	e nd ing ✓

5

_ mp

Add **mp** to the words below and find them in the grid. Tick them off as you go.

s	w	a	m	p	d	c	s	a	f
t	y	r	l	j	u	n	f	k	l
a	t	e	c	u	m	v	w	j	u
m	c	h	a	m	p	i	o	n	m
p	g	k	m	p	e	y	d	d	p
l	a	m	p	n	d	g	a	s	a
s	h	r	i	m	p	m	m	l	w
y	u	o	n	h	u	m	p	u	z
x	s	g	g	m	c	r	a	m	p
i	s	t	o	m	p	u	m	p	r

mp

cra mp ✓	sto mp ✓	shri mp ✓
la mp ✓	slu mp ✓	flu mp ✓
da mp ✓	swa mp ✓	du mp ed ✓
pu mp ✓	sta mp ✓	cha mp ion ✓
hu mp ✓		ca mp ing ✓
ju mp ✓		

6

_nt

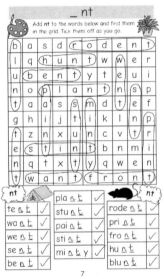

Add **nt** to the words below and find them in the grid. Tick them off as you go.

b	a	s	d	r	o	d	e	n	t
l	q	h	u	n	t	w	w	e	r
u	b	e	n	t	y	t	e	u	i
n	o	p	l	a	n	t	n	s	p
t	a	a	s	s	m	d	t	e	f
g	h	i	j	t	i	k	l	n	p
t	z	n	x	u	n	c	v	t	r
e	s	t	i	n	t	b	n	m	i
n	q	t	x	t	y	q	w	e	n
t	w	a	n	t	f	r	o	n	t

nt

te nt ✓	stu nt ✓	rode nt ✓
wa nt ✓	pai nt ✓	pri nt ✓
we nt ✓	sti nt ✓	fro nt ✓
se nt ✓	mi nt y ✓	hu nt ✓
be nt ✓		blu nt ✓

7

_nk

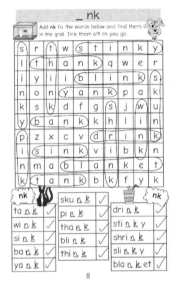

Add **nk** to the words below and find them in the grid. Tick them off as you go.

s	r	t	w	s	t	i	n	k	y
l	t	h	a	n	k	q	w	e	r
i	y	l	i	b	l	i	n	k	s
n	o	n	y	a	n	k	p	a	k
k	s	k	d	f	g	s	j	w	u
y	b	a	n	k	k	h	l	l	i
p	z	x	c	v	d	r	i	n	k
i	s	i	n	k	v	i	b	k	n
n	m	a	b	l	a	n	k	e	t
k	t	a	n	k	b	k	f	y	k

nk

ta nk ✓	pi nk ✓	dri nk ✓
wi nk ✓	tha nk ✓	sti nk y ✓
si nk ✓	bli nk ✓	shri nk ✓
ba nk ✓	thi nk ✓	sli nk y ✓
ya nk ✓	sku nk ✓	bla nk et ✓

8

_ft

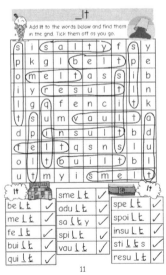

Add **ft** to the words below and find them in the grid. Tick them off as you go.

s	a	r	t	j	i	s	m	l	l
w	d	a	f	t	e	h	w	o	c
i	q	s	e	g	b	i	m	f	r
f	k	a	d	r	i	f	t	t	a
t	u	f	t	n	d	t	h	a	f
g	s	l	i	f	t	l	e	f	t
i	h	b	n	g	e	y	f	k	l
f	a	d	d	r	a	f	t	e	a
s	f	s	o	f	t	n	m	y	l
v	t	f	d	g	a	f	t	e	r

ft

cra ft ✓	sha ft ✓	tu ft ✓
gi ft ✓	a ft er ✓	the ft ✓
lo ft ✓	dra ft ✓	shi ft ✓
so ft ✓	le ft ✓	swi ft ✓
li ft ✓		adri ft ✓
da ft ✓		

9

sk

Add **sk** to the words below and find them in the grid. Tick them off as you go.

s	d	u	s	k	y	r	s	a	s
k	j	f	j	o	e	b	k	k	k
i	q	t	u	s	k	b	i	a	i
m	b	v	j	r	l	u	n	o	n
s	r	d	e	s	k	s	m	d	t
r	i	s	k	y	s	k	i	l	l
g	s	k	i	p	p	e	d	f	d
h	k	l	s	k	i	r	t	r	s
v	c	h	f	s	k	a	t	e	s
s	k	u	n	k	l	m	a	s	k

sk

tu sk ✓	sk unk ✓	sk ates ✓
sk in ✓	sk ill ✓	du sk y ✓
de sk ✓	sk int ✓	bri sk ✓
ma sk ✓	ri sk y ✓	bu sk er ✓
sk irt ✓	sk ims ✓	sk ipped ✓

10

_lt

Add **lt** to the words below and find them in the grid. Tick them off as you go.

s	i	s	a	l	t	y	f	s	y
p	k	g	l	b	e	l	t	p	e
o	m	e	l	t	a	s	s	i	b
i	y	r	e	s	u	l	t	l	n
l	g	q	f	e	n	c	i	t	k
s	u	m	v	a	u	l	t	a	
d	p	i	n	s	u	l	t	b	d
f	e	l	t	q	s	n	s	l	u
o	l	t	b	u	i	l	t	b	l
u	t	m	y	i	s	m	e	l	t

lt

sme lt ✓	adu lt ✓	spe lt ✓
be lt ✓	sa lt y ✓	spoi lt ✓
me lt ✓	spi lt ✓	insu lt ✓
fe lt ✓	vau lt ✓	sti lt s ✓
bui lt ✓		resu lt ✓
qui lt ✓		

11

_lp

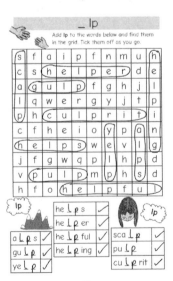

Add **lp** to the words below and find them in the grid. Tick them off as you go.

s	f	a	i	p	f	n	m	u	h
c	s	h	e	l	p	e	r	d	e
a	g	u	l	p	f	g	h	j	l
l	q	w	e	r	g	y	j	t	p
p	h	c	u	l	p	r	i	t	i
c	f	h	e	i	o	y	p	a	n
h	e	l	p	s	w	e	v	l	g
j	f	g	w	q	p	l	h	p	d
v	p	u	l	p	m	p	h	s	d
h	f	o	h	e	l	p	f	u	l

lp

he lp s ✓	he lp er ✓	
a lp s ✓	he lp ful ✓	sca lp ✓
gu lp ✓	he lp ing ✓	pu lp ✓
ye lp ✓		cu lp rit ✓

12

40

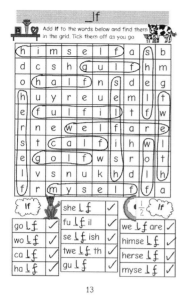

_lf — Add **lf** to the words below and find them in the grid. Tick them off as you go.

lf		
go lf ✓	she lf ✓	we lf are ✓
wo lf ✓	fu lf il ✓	himse lf ✓
ca lf ✓	se lf ish ✓	herse lf ✓
ha lf ✓	twe lf th ✓	myse lf ✓
	gu lf ✓	

13

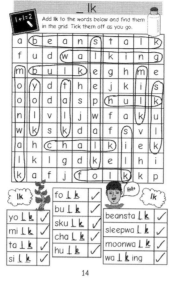

_lk — Add **lk** to the words below and find them in the grid. Tick them off as you go.

lk		
yo lk ✓	fo lk ✓	beansta lk ✓
mi lk ✓	bu lk ✓	sleepwa lk ✓
ta lk ✓	sku lk ✓	moonwa lk ✓
si lk ✓	cha lk ✓	wa lk ing ✓
	hu lk ✓	

14

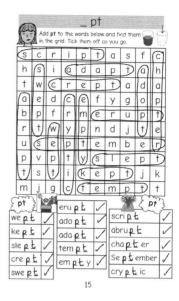

_pt — Add **pt** to the words below and find them in the grid. Tick them off as you go.

pt		
we pt ✓	eru pt ✓	scri pt ✓
ke pt ✓	ado pt ✓	abru pt ✓
sle pt ✓	ada pt ✓	cha pt er ✓
cre pt ✓	tem pt ✓	Se pt ember ✓
swe pt ✓	em pt y ✓	cry pt ic ✓

15

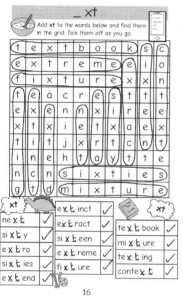

_xt — Add **xt** to the words below and find them in the grid. Tick them off as you go.

xt		
ne xt ✓	e xt inct ✓	te xt book ✓
si xt y ✓	e xt ract ✓	mi xt ure ✓
e xt ra ✓	si xt een ✓	te xt ing ✓
si xt ies ✓	e xt reme ✓	conte xt ✓
e xt end ✓	fi xt ure ✓	

16

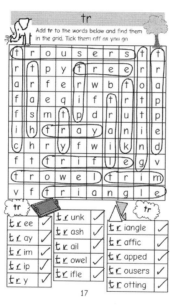

tr — Add **tr** to the words below and find them in the grid. Tick them off as you go.

tr		
tr ee ✓	tr unk ✓	tr iangle ✓
tr ay ✓	tr ash ✓	tr affic ✓
tr im ✓	tr ail ✓	tr apped ✓
tr ip ✓	tr owel ✓	tr ousers ✓
tr y ✓	tr ifle ✓	tr otting ✓

17

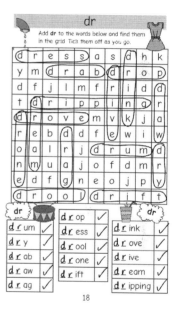

dr — Add **dr** to the words below and find them in the grid. Tick them off as you go.

dr		
dr um ✓	dr op ✓	dr ink ✓
dr y ✓	dr ess ✓	dr ove ✓
dr ab ✓	dr ool ✓	dr ive ✓
dr aw ✓	dr one ✓	dr eam ✓
dr ag ✓	dr ift ✓	dr ipping ✓

18

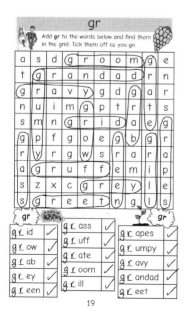

gr — Add **gr** to the words below and find them in the grid. Tick them off as you go.

gr		
gr id ✓	gr ass ✓	gr apes ✓
gr ow ✓	gr uff ✓	gr umpy ✓
gr ab ✓	gr ate ✓	gr avy ✓
gr ey ✓	gr oom ✓	gr andad ✓
gr een ✓	gr ill ✓	gr eet ✓

19

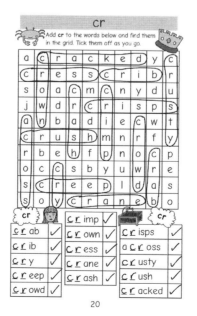

cr — Add **cr** to the words below and find them in the grid. Tick them off as you go.

cr		
cr ab ✓	cr imp ✓	cr isps ✓
cr ib ✓	cr own ✓	a cr oss ✓
cr y ✓	cr ess ✓	cr usty ✓
cr eep ✓	cr ane ✓	cr ush ✓
cr owd ✓	cr ash ✓	cr acked ✓

20

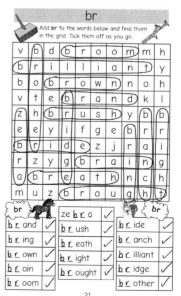

br — Add **br** to the words below and find them in the grid. Tick them off as you go.

br		
br and ✓	ze br a ✓	br ide ✓
br ing ✓	br ush ✓	br anch ✓
br own ✓	br eath ✓	br illiant ✓
br ain ✓	br ight ✓	br idge ✓
br oom ✓	br ought ✓	br other ✓

21

Answers

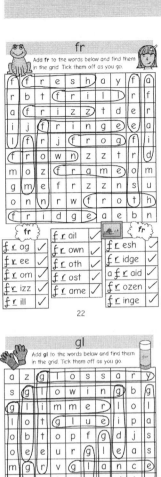
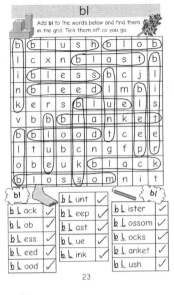
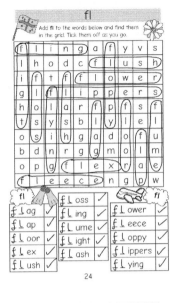

fr

Add **fr** to the words below and find them in the grid. Tick them off as you go.

fr					
f r ail		f r esh			
f r og ✓	f r own ✓	f r idge ✓			
f r ee ✓	f r oth ✓	a f r aid ✓			
f r om ✓	f r ost ✓	f r ozen ✓			
f r izz ✓	f r ame ✓	f r inge ✓			
f r ill ✓					

22

bl

Add **bl** to the words below and find them in the grid. Tick them off as you go.

bl		
b l ack ✓	b l unt	b l ister ✓
b l ob ✓	b l eep ✓	b l ossom ✓
b l ess ✓	b l ast ✓	b l ocks ✓
b l eed ✓	b l ue ✓	b l anket ✓
b l ood ✓	b l ink ✓	b l ush ✓

23

fl

Add **fl** to the words below and find them in the grid. Tick them off as you go.

fl		
f l ag ✓	f l oss	f l ower ✓
f l ap ✓	f l ing	f l eece ✓
f l oor ✓	f l ume	f l oppy
f l ex ✓	f l ight	f l ippers
f l ush ✓	f l ash	f l ying

24

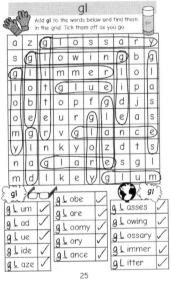
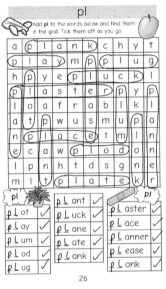

gl

Add **gl** to the words below and find them in the grid. Tick them off as you go.

gl		
g l um ✓	g l obe ✓	g l asses ✓
g l ad ✓	g l are ✓	g l owing ✓
g l ue ✓	g l oomy ✓	g l ossary ✓
g l ide ✓	g l ory ✓	g l immer ✓
g l aze ✓	g l ance ✓	g l itter ✓

25

pl

Add **pl** to the words below and find them in the grid. Tick them off as you go.

pl		
p l ot	p l ant ✓	p l aster ✓
p l ay ✓	p l uck ✓	p l ace ✓
p l um ✓	p l ane ✓	p l anner ✓
p l od ✓	p l ate ✓	p l ease ✓
p l ug ✓	p l ank ✓	p l onk ✓

26

cl

Add **cl** to the words below and find them in the grid. Tick them off as you go.

Closed

cl		
c l ue ✓	c l oud ✓	c l osed ✓
c l ip ✓	c l ock ✓	c l ever ✓
c l ogs ✓	c l ear ✓	c l own ✓
c l amp ✓	c l ean ✓	c l othes ✓
c l ump ✓	c l ass ✓	c l aim ✓

27

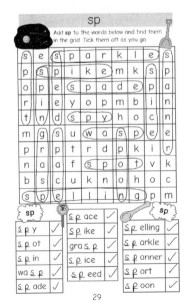

sl

Add **sl** to the words below and find them in the grid. Tick them off as you go.

sl		
s l ot	s l eep ✓	s l ither
s l ow ✓	s l urp ✓	s l ippers ✓
s l ob ✓	s l imy ✓	s l edge ✓
s l am ✓	s l ope ✓	s l eeve ✓
s l ug ✓	s l ab ✓	s l ide ✓

28

sp

Add **sp** to the words below and find them in the grid. Tick them off as you go.

sp		
s p y	s p ace	s p elling ✓
s p ot ✓	s p ike	s p arkle ✓
s p in ✓	gra s p	s p anner ✓
wa s p ✓	s p ice	s p ort ✓
s p ade ✓	s p eed ✓	s p oon ✓

29

tw

Add **tw** to the words below and find them in the grid. Tick them off as you go.

tw		
t w ins ✓	t w ine ✓	t w inkle ✓
t w ig ✓	t w itch ✓	be t w een ✓
t w eet ✓	t w ist ✓	t w eezers ✓
t w irl ✓	t w elve ✓	t w itter ✓
t w ice ✓	t w enty ✓	t w ilight ✓

30

Answers

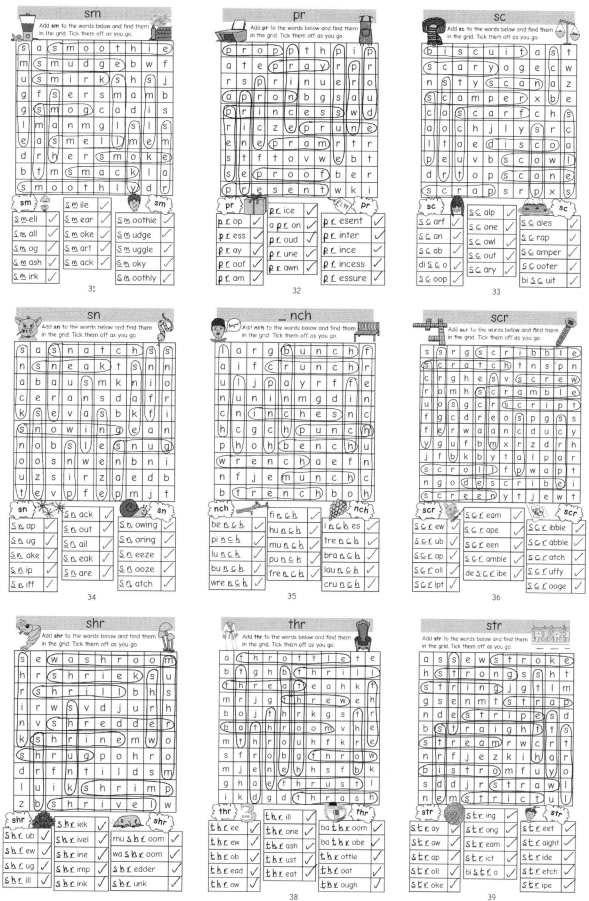

sm

Add **sm** to the words below and find them in the grid. Tick them off as you go.

sm			sm
sm ell ✓	sm ear ✓	sm oothie ✓	
sm all ✓	sm oke ✓	sm udge ✓	
sm og ✓	sm art ✓	sm uggle ✓	
sm ash ✓	sm ack ✓	sm oky ✓	
sm irk ✓		sm oothly ✓	

sm ile ✓

31

pr

Add **pr** to the words below and find them in the grid. Tick them off as you go.

pr			pr
pr op ✓	a pr on ✓	pr esent ✓	
pr ess ✓	pr oud ✓	pr inter ✓	
pr ay ✓	pr une ✓	pr ince ✓	
pr oof ✓	pr awn ✓	pr incess ✓	
pr am ✓		pr essure ✓	

pr ice ✓

32

sc

Add **sc** to the words below and find them in the grid. Tick them off as you go

sc			sc
sc arf ✓	sc one ✓	sc ales ✓	
sc an ✓	sc owl ✓	sc rap ✓	
sc ab ✓	sc out ✓	sc amper ✓	
di sc o ✓	sc ary ✓	sc ooter ✓	
sc oop ✓		bi sc uit ✓	

sc alp ✓

33

sn

Add **sn** to the words below and find them in the grid. Tick them off as you go

sn			sn
sn ap ✓	sn out ✓	sn owing ✓	
sn ug ✓	sn ail ✓	sn oring ✓	
sn ake ✓	sn eak ✓	sn eeze ✓	
sn ip ✓	sn are ✓	sn ooze ✓	
sn iff ✓		sn atch ✓	

sn ack ✓

34

_nch

Add **nch** to the words below and find them in the grid. Tick them off as you go.

nch		nch
be nch ✓	finch ✓	inch es ✓
pi nch ✓	hunch ✓	trench ✓
lu nch ✓	munch ✓	branch ✓
bu nch ✓	punch ✓	launch ✓
wre nch ✓	french ✓	crunch ✓

35

scr

Add **scr** to the words below and find them in the grid. Tick them off as you go.

scr		scr
scr ew ✓	scr ape ✓	scr ibble ✓
scr ub ✓	scr een ✓	scr abble ✓
scr ap ✓	scr amble ✓	scr atch ✓
scr oll ✓	de scr ibe ✓	scr uffy ✓
scr ipt ✓		scr ooge ✓

scr eam ✓

36

shr

Add **shr** to the words below and find them in the grid. Tick them off as you go.

shr		shr
shr ub ✓	shr ivel ✓	mu shr oom ✓
shr ew ✓	shr ine ✓	wa shr oom ✓
shr ug ✓	shr imp ✓	shr edder ✓
shr ill ✓	shr ink	shr unk

shr iek ✓

37

thr

Add **thr** to the words below and find them in the grid. Tick them off as you go.

thr		thr
thr ee	thr ill ✓	ba thr oom ✓
thr ew	thr one ✓	ba thr obe ✓
thr ob	thr ash ✓	thr ottle ✓
thr ead	thr ust ✓	thr oat ✓
thr ow	thr eat ✓	thr ough ✓

38

str

Add **str** to the words below and find them in the grid. Tick them off as you go.

str		str
str ay ✓	str ing ✓	str eet ✓
str aw ✓	str ong ✓	str aight ✓
str ap ✓	str eam ✓	str ide ✓
str oll ✓	str ict ✓	str etch ✓
str oke ✓	bi str o ✓	str ipe ✓

39

Printed in Great Britain
by Amazon

27464396R00024